Liebe Eltern,

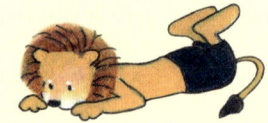

wir wollen Ihr Kind beim Lesenlernen unterstützen, und zwar mit Geschichten, die Spaß machen.

Unsere Bücher mit dem liebenswerten Leselöwen begleiten Ihr Kind durch die 2. Klasse. Sie enthalten drei bis vier Geschichten zu einem spannenden Thema, mit einfachen Sätzen und gut lesbarer Schrift. Viele bunte Bilder sorgen für Lesepausen und helfen, die Geschichten zu verstehen. Mit den Aufgaben zum Text kann Ihr Kind selbst prüfen, ob es den Text richtig verstanden hat. Zu den markierten Wörtern warten am Ende des Buches spannende Fakten und in unserem Online-Portal finden Sie viele weitere Extras!

So wird Ihr Sohn oder Ihre Tochter zum echten Leselöwen!

Ihr
Leselöwe

Jetzt geht es **los!**

Michaela Hanauer

Polizeigeschichten

Illustriert von Timo Grubing

www.leseloewen.de

ISBN 978-3-7432-0144-6
2. Auflage 2021
© 2019 Loewe Verlag GmbH, Bindlach
Umschlag- und Innenillustrationen: Timo Grubing
Umschlaggestaltung: Michael Dietrich
Vignetten Leselöwe und Sticker: Angelika Stubner
Printed in the EU

www.loewe-verlag.de

Inhalt

Der Fahrraddieb 8

Der neue Nachbar 17

Ein Herrchen für Robby 32

Polizei hoch zu Ross 44

Der Fahrraddieb

Es ist ein sonniger Tag.

Cem und Lia gehen in den Park.

Sie wollen zum Abenteuerspielplatz.

Plötzlich wird Lia angerempelt.

Jemand reißt ihr den Rucksack weg.

Der Dieb flüchtet auf dem Rad.

Lia schreit: „Halt! Stopp!",
und rennt hinter dem Dieb her.
Doch mit dem Rad ist er schneller.

Keine Chance!
Lia und Cem sehen sich um.
Aber es ist niemand da.

Cem zückt sein Handy.
Er will die Polizei rufen.
Lia weint: „Bis die kommen,
ist der Dieb über alle Berge."
Und die Wege im Park sind schmal.
Da passt kein **Streifenwagen** durch.

Etwas braust an ihnen vorbei.

Noch ein Dieb?

Der Radfahrer hat einen Helm auf.

Er trägt eine schwarze Radlerhose.

Sein T-Shirt ist blau.

Es steht etwas auf seinem Rücken.

Doch er fährt zu schnell.

Sie können es nicht genau erkennen.

„Er verfolgt den Dieb!", ruft Lia.

Tatsächlich!

„Schneller!", feuert Cem ihn an.

Der Radfahrer kommt dem Dieb näher.

Doch der Vorsprung ist zu groß.

Oje, wie soll der Verfolger

den Dieb noch einholen?

Da taucht ein drittes Rad auf.

Es schneidet dem Dieb den Weg ab.

Querfeldein rast der Dieb weiter.

Er bleibt an einer Wurzel hängen.

Und strauchelt.

Dann überschlägt er sich.

Und fällt zu Boden.

Er will zu seinem Rad robben.

Doch da stehen seine Verfolger.

Einer legt dem Dieb Handschellen an.

Der Zweite greift nach dem Rucksack.

Kurz halten die Kinder den Atem an.

Aber er radelt auf sie zu.

„Ist das dein Rucksack?", fragt er.
Lia nickt: „Danke, danke, danke!"
Jetzt können sie lesen,
was auf dem T-Shirt steht.
POLIZEI!
Die **Fahrradpolizei** ist echt cool,
finden Cem und Lia.

Der neue Nachbar

Joko wohnt im Finsterweg 7.
Das Haus nebenan steht leer.
Bisher jedenfalls.
Denn heute hat Joko etwas gehört.
Das kam eindeutig von nebenan.
Vielleicht zieht jemand ein?

Neue Nachbarn wären toll.
Hoffentlich mit einem Kind.
Mit dem könnte Joko spielen.
Fußball oder Räuber und Polizist.
Joko möchte später Polizist werden.
Deshalb spielt er das am liebsten.

Einen echten Räuber
hat er noch nicht gefangen.
Aber das kann noch kommen!
Mit dem neuen Nachbarn!

Joko läuft zum Nachbarhaus.

Komisch, alles dunkel!

Joko will nicht stören.

Deshalb späht er durchs Fenster.

Oh, da steht jemand!

Ein großer Mann.

Joko will an die Scheibe klopfen.
Doch er hält inne.
Etwas an dem Mann ist komisch.
Er trägt einen Mantel.
Im Haus!
Dabei ist es gar nicht kalt.
Joko sieht noch etwas.

An einem Haken an der Wand
ist ein **Waffengürtel**!
Ob auch eine Waffe darin ist,
kann Joko nicht erkennen.
Erschrocken duckt er sich.
Wozu braucht der Mann so was?

Zuerst will Joko wegrennen.

Etwas hält ihn ab.

Ein guter Polizist ermittelt jetzt.

Noch ein Blick durchs Fenster.

Er bemerkt einen Koffer.

Sieht aus wie ein Geldkoffer.

Daneben liegt eine Schnur.

Einen Banküberfall.

Oder eine Entführung.

Er wohnt gar nicht hier.

Das ist nur sein Unterschlupf.

Eine richtige Räuberhöhle.

Aber Joko wird das verhindern.

Er robbt hinters Müllhäuschen.
Dort wählt er den Notruf 110.
Er erzählt, was er beobachtet hat.
Schnell kommen zwei Streifenwagen.
Mit Blaulicht, aber ohne Sirene.
„Hast du uns angerufen?",
fragt der Polizist.
Joko nickt.

„Bleib hier hinten in Deckung",
sagt der Polizist.
„Ein Mann mit Waffe ist gefährlich."
Trotzdem kann Joko alles sehen.
Die Polizisten klingeln.
Der Mann öffnet die Tür.
Sie haben ihn geschnappt!

Aber was ist das?
Der Mann holt etwas hervor.
Dann lachen alle!
Ein Polizist winkt Joko heran.
„Das ist dein neuer Nachbar!",
stellt der Polizist vor.

Er tippt auf einen Ausweis.

Oje, daran hat Joko nicht gedacht.

Es gibt Polizisten ohne Uniform.

Der Mann ist kein Verbrecher.

Sondern ein Kriminalkommissar!

Joko schämt sich.

„Entschuldigung", murmelt er.

„Jetzt weiß ich mal, wie es ist,
wenn die Polizei vor der Tür steht!"
Der **Kommissar** grinst Joko an.
„Aber du hast sehr mutig gehandelt."
Puh, zum Glück ist er nicht sauer,
freut sich Joko.

Sein Nachbar deutet ins Wohnzimmer.
„Willst du mir vielleicht helfen?
Die Malersachen liegen bereit!"
Ach, dafür braucht er das alles.
„Einverstanden", meint Joko.
Hoffentlich erzählt der Kommissar ihm
von seinen spannenden Fällen.

Ein Herrchen für Robby

Hündin Kira hat fünf Welpen.

Einer davon ist Robby.

Robby wünscht sich ein Herrchen.

Oder ein Frauchen.

Immer wieder kommen Menschen.

Sie finden alle Welpen niedlich.

Und sie streicheln jeden von ihnen.

Robby wedelt mit dem Schwanz.

Aber niemand wählt ihn aus.

Robby ist traurig.

Warum will ihn keiner?

„Du bist mein Klügster!",

tröstet ihn Mama Kira.

„Dich nimmt bestimmt bald einer!"

Am nächsten Tag kommt Ed zu Besuch.

Er setzt sich neben das Körbchen.

Die anderen Welpen spielen weiter.

Nur Robby beobachtet Ed.

Robby mag den Mann auf Anhieb.

Der kleine Welpe schnuppert.

Ed riecht gut.

„Der oder keiner!",
denkt Robby begeistert.
Ed beugt sich zu Robby.
„Ich suche einen Partner.
Bist du vielleicht der Richtige?"
Robby wedelt mit dem Schwanz
so eifrig er kann.

Ed holt etwas aus der Tasche –
einen kleinen roten Ball.
Ed wirft ihn und Robby saust los.
Schnell hat er den Ball geschnappt.
Er trägt ihn zurück zu Ed.

Ed streichelt Robby.

Das fühlt sich gut an!

Ed hockt sich hin und springt auf.

Robby macht es ihm nach.

Ed legt sich hin und rollt herum.

Robby rollt sich neben ihn.

Er schleckt Ed übers Gesicht.

Ed lacht: „Ich mag dich auch!"

Dann steht er wieder auf.

Er hält Robby etwas unter die Nase.

Einen Knochen.

Dann geht Ed weg.

He, warum nimmt er den Knochen mit?

Robby ist verwirrt.

Da hört er Ed rufen.

Robby rennt nach nebenan.

Er überlegt.

Was Ed diesmal von ihm will?

Und wo ist der Knochen abgeblieben?

Robby schnuppert überall.
Hier muss er irgendwo sein.
Da!
Unter dem Teppich.
Robby scharrt mit den Vorderpfoten,
bis er den Knochen gefunden hat.

Leider rupft er dabei einige Fäden
aus dem Teppich.
Robby lässt den Kopf hängen.
Hat er jetzt alles verdorben?
„Meine Schuld!", lacht Ed.
„Hab ihn zu gut eingewickelt!"

Ed krault ihn hinter den Ohren.
„Aber du warst klasse!"
Robby legt den Kopf schief.
„Ich suche einen Hund wie dich!"
Robby spitzt die Ohren.
„Willst du mein Partner sein?",
fragt Ed.

Er hält Robby die Hand hin.
Robby legt seine Pfote hinein.
Dann holt Ed etwas.
Seine Polizeimütze!
Ed setzt Robby die Mütze auf.
Robby soll sein **Polizeihund** werden!
Dafür hat sich das Warten gelohnt!

Polizei hoch zu Ross

Kim ist schon ganz aufgeregt.
Sie darf zum Fußballspiel
ins große Stadion gehen.
Mit Papa und ihrem Bruder Noah.
Es spielt ihr Lieblingsverein.
Das wird spannend!

Vor dem Stadion ist viel los.
Alle wollen das Spiel sehen.
Die Fans strömen zu den Eingängen.
„Ich sehe gar nix", mault Noah.
Alle sind größer als er.

„Was willst du denn sehen?",
fragt Papa.
„Meinen Lieblingsspieler!",
erklärt Noah.
Kim lacht.
„Der kommt doch nicht hier vorbei!"
Aber Noah glaubt ihr nicht.

Er reißt sich los.
Und weg ist er!
„Noah, komm zurück!",
ruft Papa verzweifelt.
„Noah, wo bist du?",
brüllt Kim.
Sie suchen überall nach ihm.

Doch es ist viel zu laut
und zu voll um sie herum.
Papa ist verzweifelt.
Wie sollen sie Noah wiederfinden?
Kim ist auch besorgt.
Gleichzeitig ist sie sauer.
Wehe, sie verpassen das Spiel!

„Wir rufen die Polizei!",
beschließt Papa.
Kim überlegt.
Wie soll ein Polizist Noah finden?
Kann er über alle drübergucken?
Er ist doch nicht größer als Papa.

Da entdeckt Kim eine Polizistin.
Sie sitzt auf einem Pferd.
Kim zieht Papa dorthin.
„Können Sie Noah finden, bitte!"
Sie zeigen der Polizistin ein Foto.
Die Polizistin nickt.

Langsam bahnt sie sich einen Weg.

„Noah, melde dich", ruft die Polizistin.

Sie hat einen prima Überblick.

Alle Fans lassen sie durch.

Und suchen sogar mit.

Noah, Noah – hört man von überall.

„Hier!", meldet ein junger Mann.

Noah wird in die Höhe gehoben.

Die Polizistin setzt ihn vor sich.

Hoch zu Ross kommt Noah zurück.

Papa schließt ihn in die Arme.
Typisch, findet Kim.
Noah stellt etwas an
und wird auch noch belohnt.
Sie streichelt das Polizeipferd.
Nächstes Mal will sie auch reiten!

Fragen und Antworten

1. Was wird Lia im Park gestohlen? Bringe die Buchstaben in die richtige Reihenfolge.

K U R C K C A S

Antwort: Rucksack

2. Welche Farbe hat das T-Shirt des Radfahrers, der den Dieb verfolgt? Kreise ein.

Antwort: Blau

3. Immer zwei Silben ergeben einen der verdächtigen Gegenstände, die Joko im Nachbarhaus sieht. Findest du die beiden Dinge?

KE   KOF   MAS   FER

Antwort: Maske, Koffer

4. Welchen Beruf hat Jokos neuer Nachbar? Kreuze an.

☐ Maler

☐ Räuber

☐ Polizist

Antwort: Polizist

5. Wie viele Welpen hat Hündin Kira? Rechne aus.

☐ 11-4= ____   ☐ 11-6= ____   ☐ 11-8= ____

Antwort: 11-6=5 Welpen

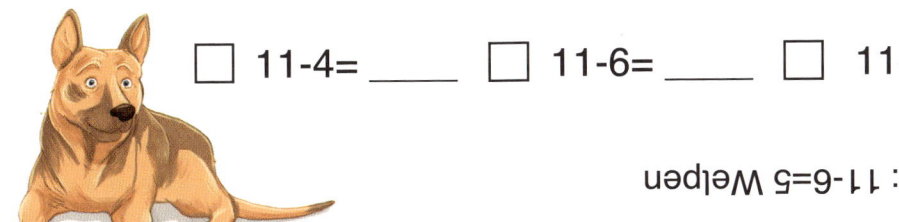

Fragen und Antworten

6. Welcher Satz kommt in der Geschichte vor? Kreuze an.

☐ Robby wünscht sich ein Herrchen.

☐ Robby wünscht sich ein Frauchen.

☐ Robby wünscht sich ein Pony.

Antwort: Robby wünscht sich ein Herrchen.

7. Verkehrt herum! Was wird Robby? Kreuze an.

☐ Dnuhhcaw

☐ Dnuhiezilop

☐ Dnuhßohcs

Antwort: Polizeihund

8. Wohin geht Kim mit ihrer Familie?

☐ Ins Kino.

☐ Ins Stadion.

☐ Ins Restaurant.

Antwort: Ins Stadion.

9. Wie kommt Noah zurück zu Kim und ihrem Vater? Trage die fehlenden Buchstaben ein.

H O _ _   Z U   R O _ S

Antwort: Hoch zu Ross.

10. Welches Tier wird nicht bei der Polizei eingesetzt?

Antwort: Katze

Schon gewusst?

Streifenwagen (Seite 10):
Der Streifenwagen ist das Auto, mit dem die Polizei fährt. Meistens sitzen zwei Polizisten im Auto. Einer fährt und der andere bedient den Funk und leitet den Einsatz.

Fahrradpolizei (Seite 16):
Im Park, in Innenstädten oder bei großen Veranstaltungen kommt die Polizei mit einem Streifenwagen nicht weit. Für diese Fälle gibt es die Fahrradpolizei und die berittene Polizei mit ihren Polizeipferden.

Waffengürtel (Seite 22):
Am Waffengürtel ist eine Tasche, die Holster genannt wird. Darin steckt die Pistole des Polizisten. Es gibt auch Schulterholster, bei denen die Waffe verdeckt unter der Achsel getragen wird, damit man sie nicht sofort sieht.

Kommis**s**ar (Seite 30):

Kommissar ist ein Dienstrang bei der Polizei. Das Wort kommt aus dem Lateinischen und bedeutet „Beauftragter". Kriminalkommissare sind damit beauftragt, Verbrechen zu bekämpfen und aufzuklären.

Pol**i**zeihund (Seite 43):

Polizeihunde haben verschiedene Aufgaben. Schutzhunde lernen, Polizisten bei einem Kampf zu unterstützen und Angreifer zu überwältigen.

Spürhunde können anhand des Geruchs die Spur von vermissten Personen aufnehmen. Sie werden auch eingesetzt, um Drogen oder Sprengstoff zu finden.

Blättere schnell um und trage die roten Buchstaben in der richtigen Reihenfolge in die Kästchen ein!

Michaela Hanauer, 1969 geboren, arbeitete nach ihrem Studium in einem Kinder- und Jugendbuchverlag. Heute lebt sie als selbstständige Autorin und Vorleserin mit ihrem Mann und ihrem Kater Wuschel in München.

Timo Grubing, geboren 1981, studierte Illustration an der FH Münster und lebt seit seinem Diplom 2007 wieder in seiner Geburtsstadt Bochum. Als freier Illustrator ist er in verschiedenen Bereichen tätig: Er bebildert vor allem Kinder- und Jugendbücher sowie Schulbücher und Spiele. Zwischendurch springt er immer öfter ins Comicgenre und arbeitet regelmäßig für Magazine und Agenturen.

Das Leselöwen-Lösungswort

Besuche den Leselöwen auf
www.leseloewen.de und trage
die farbigen Buchstaben
von den Seiten *Schon gewusst?*
in der richtigen Reihenfolge
in die magische Box ein.

Wenn du das Lösungswort
gefunden hast, kommst du
auf die geheime Seite mit vielen
weiteren Spielen und Rätseln!

Der **Leselöwe** freut sich auf dich!

Jetzt online!